LA GRANDE SEMAINE;

ou
LA GUERRE DES TROIS JOURS.

RELATION OFFICIELLE

DE TOUS LES ÉVÉNEMENS

QUI ONT EU LIEU DANS PARIS

Dans les journées mémorables des 27, 28 et 29 juillet.

Détails circonstanciés des combats qui ont eu lieu. — Traits héroïques des braves qui ont combattu pour la liberté. — Voyage de Charles x et de sa famille, depuis Rambouillet jusqu'à Cherbourg. — Son embarquement. — Les adieux de la duchesse de Berry avant de s'embarquer.

TROISIÈME ÉDITION,
Revue et augmentée.

A PARIS,

CHEZ GAUTHIER, ÉDITEUR, RUE MAZARINE, N° 49.
VÉZARD, LIBRAIRE, PASSAGE CHOISEUL, N° 46.

1830.

GUERRE DES TROIS JOURS.

RELATION OFFICIELLE

DE TOUS LES ÉVÉNEMENS

QUI ONT EU LIEU DANS PARIS

Dans les journées mémorables des 27, 28 et 29 juillet.

~~~~~~~~

COMMENT tracer les événemens plus qu'extraordinaires qui viennent de se passer et qui surpassent tous ceux déjà inscrits! les habitans de la grande cité étaient, pour ainsi dire, endormis, mais, au mot de liberté, ils se sont réveillés.

Nous allons donner, le plus exactement possible, la relation de tout ce qui s'est passé dans les journées à jamais mémorables des 27, 28 et 29 juillet.

Le dimanche 25 juillet, un calme profond régnait dans Paris. L'ouverture des deux Chambres, convoquées par le roi, devait avoir lieu le 3 août; mais, le croirait-on? dans une semblable sécurité, le plus infâme des complots était tramé contre la France entière. Nous nous exemptons de toute réflexion : des faits seuls, et rien que des faits, doivent suffire à l'histoire.

Le 26 au matin, on apprend les deux ordonnances qui abolissaient les droits sacrés du peuple.

Le Palais-Royal, centre de l'activité de la popu-
~~~~~~~~

lation de Paris, fut encore le rendez-vous des premiers groupes; une force armée les disperse; les
portes sont de nouveau fermées; mais la foule, sans
se séparer, se retranche dans les rues circonvoisines.
Ce fut seulement alors que l'on vit quelques armes.
A trois heures, les rues Saint-Honoré, de Richelieu,
de Valois, Fromenteau, de Chartres, Saint-Thomas-
du-Louvre, étaient encombrées. On voyait paraître
des citoyens de toutes les classes : des détachemens
de gendarmerie à pied et à cheval repoussaient vio-
lemment et curieux et citoyens, munis de bâtons et
de pierres. Insensiblement l'affluence augmenta; elle
s'étendit jusqu'aux quais et aux boulevards. Les
charges étant devenues fréquentes et vives, la résistance dut s'accroître; et bientôt une première fusillade s'entendit dans la rue Saint-Honoré, et fit d'assez nombreuses victimes parmi des jeunes gens des
écoles et de toutes les classes, qui, sans être intimidés,
se rallièrent sous le feu ennemi et conservèrent leur
position.

La soirée du 27 fut décisive, car alors com-
mença cet admirable accord de mesures défensives,
exécutées sans concert préalable et comme par une
espèce de généreux instinct. En un clin d'œil, les
rues Saint-Honoré, de la Monnaie et Montmartre
furent sans réverbères. On plaça en travers des ruis-
seaux d'énormes poutres destinées à arrêter la course
des chevaux. Des citoyens se rendirent avec ordre
chez les armuriers qui livrèrent des armes; on dis-
tribua de la poudre et des cartouches; des rassemblemens s'armèrent sur la place de la Bourse, sur les
boulevards; et cependant tel fut l'ordre avec lequel
s'exécutèrent tous ces préparatifs, qu'il n'y eut pas
un seul acte répréhensible de commis.

Tout était préparé : le 28 au matin, tandis que
'autorité expirante cherche à répandre une ordon-

nance qui met Paris en état de siége, et investit Raguse du commandement de la force armée, choix digne de l'homme et des ministres, un corps de peuple s'empare de l'Hôtel-de-Ville et s'y cantonne. Des rassemblemens immenses se portent dans toutes les rues voisines du Palais-Royal, des boulevards, des quais; les écoles de droit et de médecine cherchent des armes et des munitions; des gardes nationaux prennent leurs fusils; les signes du gouvernement royal disparaissent comme par enchantement de tous les monumens publics et de toutes les maisons particulières. Tout cela s'exécute sans cris, sans violence, avec un ordre qu'on cherche à comprendre et qu'on ne peut qu'admirer.

Cependant l'autorité avait déployé la force armée la plus formidable. Des régimens nouveaux avaient été introduits pendant la nuit; on mit à la fois en mouvement la gendarmerie, la garde royale, les troupes de ligne et les régimens suisses. Mais déjà, si la gendarmerie et surtout les Suisses, se faisaient remarquer par leur acharnement, on voyait de l'hésitation dans la garde royale, et une répugnance extrême dans la troupe de ligne.

Le combat s'engagea vers neuf heures : il fut général, mais le point principal fut l'Hôtel-de-Ville. C'est là que, par la main des Suisses de la garde, furent faites les premières décharges générales qui, retentissant dans tous les quartiers de Paris, firent saigner le cœur de tous les citoyens. Nous n'oublierons de long-temps cette épouvantable fusillade, et ces décharges d'artillerie qui durèrent douze heures sans interruption, et pendant lesquelles l'Hôtel-de-Ville fut plusieurs fois pris et repris. La perte fut considérable dans l'armée; elle fut nombreuse dans le peuple. Nous avons vu transporter les blessés et les morts par charretées; et si quelque chose pouvait adoucir l'horreur d'un si affreux spectacle dans une ville telle que Paris, c'est le respect dont toute la population, les hommes armés eux-mêmes environnaient les victimes, quelles qu'elles fussent. Les blessés n'étaient plus des ennemis : c'étaient des frères, c'étaient des Français.

Tandis qu'on se battait dans les quartiers de Paris, des citoyens avaient arboré un drapeau tricolore sur les tours de Notre-Dame. Le tocsin sonnait à la fois dans plusieurs paroisses. La guerre était accompagnée d'un ordre étonnant ; la défense était calme, méthodique. En tête des combattans on voyait l'école polytechnique, alliant la prudence du talent à l'intrépidité de la jeunesse. On voyait aussi de premiers détachémens de garde nationale, échelonnés sur les quais des Augustins, Malaquais et Voltaire ; ils soutenaient des rassemblemens établis sur ces divers points, et qui échangeaient des coups de fusil avec les Suisses du Louvre et des Tuileries. Sur les boulevards, le combat n'avait pas moins de méthode. Des citoyens s'étaient placés sur la Porte-Saint-Martin, d'où ils faisaient pleuvoir sur la troupe des pavés et des fragmens de bois et de tuile. Dans la rue Saint-Antoine, on découvrait les maisons, et les tuiles étaient lancées sur les gendarmes. Répétons que la troupe de ligne a tiré à peine quelques coups de fusil. On l'a vue, frémissant de l'odieuse boucherie à laquelle elle assistait, sans pouvoir venger le peuple, indignement massacré.

La fusillade générale cessa dans la soirée : déjà le désavantage des troupes était marqué : la garde refusait le service : les officiers, après des invitations réitérées, ont eu souvent recours aux coups de crosse.

C'est dans la nuit du 28 au 29 que s'exécutèrent les premières barricades. On dépava les rues : des charrettes, des fiacres, des Omnibus et jusqu'à des diligences, furent renversés à côté de tonneaux remplis de pierres. Paris, en quelques heures, privé de tous ses réverbères, et complètement barricadé, était devenu imprenable.

Ses ennemis, après en avoir acquis la conviction, évacuèrent les points qu'ils occupaient, ne gardant que le Louvre, les Tuileries et leurs environs. Les Suisses se placèrent aux étages supérieurs, pour se donner le cruel plaisir de tirer sans danger sur le peuple. Mais ces derniers efforts étaient désormais inutiles. La question était résolue.

Le 29 au matin, des gardes nationaux occupaient l'Hôtel-de-Ville. Le drapeau tricolore était partout; les citoyens restés maîtres des trois quarts de la ville n'avaient plus que peu de combats à livrer pour la posséder tout entière.

Déjà le peuple s'ébranlait pour aller aux Tuileries et au Louvre, quand un renfort inespéré lui arriva. Les élèves de l'Ecole Polytechnique avaient forcé les portes de leur école. Ils venaient combattre, eux aussi, pour la constitution et pour les lois. Ces braves ont été salués avec transport. Ils ont tout d'abord pris le commandement des troupes. Le manège du Luxembourg leur a été ouvert.—Je suis votre chef, disait l'un, et il montait sur un cheval blanc.—Général, disait l'autre, je suis votre aide-de-camp, et il se mettait un foulard jaune à la ceinture en guise d'écharpe. L'un surveillait les poudres; l'autre dirigeait le canon, car le jeudi nous avions du canon.—A la fin, on part contre le Louvre; à onze heures, le Louvre était enlevé. — C'est un élève de l'Ecole qui a pris le Louvre, un héros de vingt ans. Malgré la mitraille des Suisses, le jeune homme marcha au pas jusqu'à la grille. — Les balles tombent sur lui, autour de lui, et il ne s'en émeut pas. Il arrive jusqu'à la grille, un officier supérieur s'approche aussitôt : — « Ouvrez, dit le jeune commandant, si vous ne voulez point être exterminés, car la liberté et la force sont pour le peuple. » — L'officier s'y refuse, et lâche son pistolet dont le coup ne part pas. — Le jeune homme saisit alors l'officier, et lui porte son épée à la gorge : « Votre vie est à moi, dit-il, mais je ne veux pas verser de sang ! »

Le Louvre fut emporté à une heure, et successivement tous les points d'attaque eurent le même sort. Un combat très-vif s'engagea vis-à-vis des Tuileries et sur le Pont-Royal; le château fut forcé vers quatre heures; le peuple brisa quelques meubles, but quelques bouteilles de vin, mais porta, soit à l'Hôtel-de-Ville, soit dans d'autres dépôts, tout ce qui avait quelque prix.

Enfin Paris était vainqueur. La Victoire était complète. La caserne de la rue de Babylone était brûlée, l'hôtel des gardes-du-corps était pris, l'Hôtel-de-Ville, les Tuileries, le Louvre nous appartenaient; toute la ligne s'était rendue; toute la gendarmerie, trois régimens de la garde royale; Paris avait un gouvernement provisoire, un mot d'ordre, des patrouilles régulières, une Chambre des Députés, et une Chambre des Pairs.

Tels sont les faits généraux de cette histoire, dont les résultats seront immenses.

Quant aux détails de ce récit plus qu'épique, ils sont sans nombre. Le peuple a été le héros de la journée. On raconte de ce héros plus de belles actions, plus de mots héroïques que nous ne pourrions en répéter.

Le Louvre a été emporté avec une vigueur dont une armée organisée aurait à peine fourni d'exemple; les pelotons étaient commandés par les courageux élèves de l'Ecole Polytechnique; l'épée à la main ils ont dirigé le mouvement avec le sang-froid de vieux soldats; ils se sont montrés dignes de leurs devanciers.

FAITS ET ACTIONS D'ÉCLAT.

Rue du Faubourg-Montmartre, un vieillard, fort connu dans le quartier du Luxembourg, fort peu ingambe, et traînant avec peine une jambe de bois, venait de s'emparer du fusil d'un Suisse, il retournait au feu triomphant. Passent deux jeunes gens. Donne-nous ton fusil, vieillard, tu es blessé, tu es vieux, nous nous en servirons mieux que toi? — Le vieillard refuse de donner son arme.—Je veux me b. ttre, disait-il. Les jeunes gens insistent ; le fusil du Suisse est arraché, et les jeunes gens vont se battre. Le vieillard se désolait, se tordait les mains. On veut le consoler, il se fâche plus haut; on lui offre des pistolets. —C'est mon fusil que je veux, s'écrie-t-il, je veux me battre avec un fusil!—Et le vieillard est parti, en boitant, pour chercher un autre fusil.

Un ouvrier tiraillait rue du Faubourg-Montmartre, par un soleil brûlant : « Venez vous rafraîchir, mon brave, lui dit le docteur Sammel, qui avait établi une ambulance sous sa porte.— Non, Monsieur, répond l'ouvrier, mon frère a été tué hier sous les piliers des halles, et j'ai juré de ne manger que du pain et de ne boire que de l'eau avant de l'avoir vengé. »

On cite un mot excellent d'un vénérable vétéran de la rue Notre-Dame-des-Victoires : « Vous avez donc rendu vos armes, lui dit un voisin ? — Rendu mes armes! dit le brave homme, je les prête, mais je ne les rends pas! »

Un garçon brasseur, nommé Richard, et Dubois, ancien maréchal-de-logis, se sont battus le 31 juillet, entre Sèvres et Versailles, contre vingt cuirassiers de la garde royale; ils ont démonté deux soldats et sont revenus sur leurs chevaux à Paris.

Dans l'affaire du 28 juillet, au moment où la résistance n'était pas encore bien organisée, sur la place de l'Hôtel-de-Ville, un jeune homme, qui portait un étendard au bout d'une lance, croyant remarquer un peu d'hésitation parmi les troupes parisiennes, s'avance à dix pas de la garde royale en disant à ses camarades : « Je vais vous montrer comment on sait mourir. » Il tombe à l'instant même percé de plusieurs balles.

Dans la même journée, un enfant de quinze ans s'est avancé au milieu des feux de mitraille et de mousqueterie, jusqu'auprès d'un des officiers commandant la cavalerie qui appuyait les canons, et d'un coup de pistolet, il lui a cassé la tête. Aussitôt une décharge a été faite sur lui, mais l'enfant ayant prévu ce qui arriverait, s'était jeté à plat ventre, et s'étant ensuite relevé, il s'est échappé sain et sauf. S'apercevant alors que sa casquette était restée sur la place, il y retourne sans hésitation, et revient de nouveau sans avoir été atteint.

A l'attaque du Louvre, un jeune homme de dix-huit ans, nommé Charles Bourgeois, ouvrier serrurier, né à Rocroy (Ardennes), est monté le premier, armé de pistolets non chargés (il manquait de poudre), et il a été planter le drapeau sur la colonnade. Bourgeois, poursuivi par cinq Suisses, a reçu plusieurs coups de baïonnettes, qui l'ont mis hors d'état de travailler. Bourgeois nous dit, comme ce soldat d'Alger : « Accordez-moi une » ligne dans le journal; que mon père lise mon nom » imprimé; voilà tout. » Accordons cette ligne au brave bourgeois!

Les uns ont refusé de vendre leurs armes au plus haut prix. *Je tiens à mon fusil,* disait un chiffonnier, *il m'a déjà servi deux fois!*

Une troupe passe rue Montmartre, près d'un marchand de vin. La troupe est altérée ; elle a chaud : *Aujourd'hui*, dit le chef, *pas d'eau-de-vie, pas de vin pur, de l'abondance seulement.* Et la troupe ne boit que de l'eau et du vin.

Un citoyen trouve chez la duchesse de Berry une cassette damasquinée en or et pleine d'or ; il la porte lui-même à l'Hôtel-de-Ville, où le précieux fardeau a été déposé.

Dans une des rues adjacentes à la grande rue du faubourg Saint-Honoré, un officier de la garde, commandant un détachement nombreux, faisait faire des feux de peloton sur toutes les personnes qui apparaissaient vers l'extrémité de la rue. Des femmes et des vieillards, tombés sous les balles, gisaient sur le pavé, et l'atroce officier, prenant à peine le soin de se détourner pour ne pas fouler aux pieds ces déplorables victimes, regardait aux fenêtres et souriait aux femmes que l'intérêt puissant de ces tragiques scènes engageait à s'y montrer. Un coup de fusil parti d'une croisée a puni de mort ce meurtrier insolent.

Rue Sainte-Appoline, au coin de la rue Saint-Martin, un brave citoyen de Paris, qui était resté sur le boulevard, a tiré sur les gardes royaux depuis cinq heures jusqu'à huit. Chaque coup de fusil en faisait descendre un ; ils ont été forcés d'abandonner leur poste.

Rue Saint-Honoré, un jeune citoyen de vingt-deux ans est allé prendre, au milieu des balles et de la mitraille, un officier supérieur à la tête de son régiment ; il l'a désarmé en entier sur la place même, et ne l'a ramené au milieu du peuple qu'entièrement privé de ses armes et de ses vêtemens.

M. Lanjuinais, pair de France, a combattu avec une rare intrépidité, dans les rangs des défenseurs de la liberté. On l'a vu revêtu de son habit de pair, se jeter l'épée à la main sur une pièce de canon.

Le nommé Rigaut (Henri-Adolphe), âgé de dix-sept ans, qui a marché en tête des citoyens sur le Louvre, a reçu une balle au bras gauche et à la jambe droite, qui lui a fracturé les os; il nous disait avec une triste résignation : « La veille (le mercredi), je m'étais trouvé au milieu des balles et de la mitraille, je n'avais pas été atteint; je n'ai fait que paraître au Louvre, et la même balle m'a frappé en deux endroits. »

Un certificat signé de M. le major commandant le poste des Tuileries, les 29, 30 et 31 juillet, et de MM. les élèves de l'école polytechnique qui ont pris part à l'attaque du château dans ces mémorables journées, atteste que, parmi les gardes nationaux qui se sont conduits de la manière la plus brillante, s'est trouvée Mlle Joséphine Mercier, maîtresse sage-femme, reçue à la Faculté de Médecine de Paris, qui n'était connue du détachement des gardes nationaux de service au château, que sous le nom de Victor, se disant élève en médecine ; une redingotte verte dont elle était revêtue a été percée de deux balles ; elle fut la première dans les patrouilles et dans les découvertes ; elle a souvent compromis sa vie en prodiguant ses soins aux blessés sur le champ de bataille.

Citer tous les traits d'héroïsme venus à notre connaissance est impossible. Des femmes, des enfans se sont mêlés aux combattans. On a vu sur la place de Grève deux femmes au premier rang, s'emparer des fusils des soldats tués, et tirer sur les troupes royales pendant plus de deux heures. D'autres se précipitaient au milieu des combattans pour leur porter du pain et du vin. Jamais nation ne s'est battue avec autant d'élan et de patriotisme.

Les renseignemens qui ont été donnés dans divers journaux, sur le nombre des blessés et des morts, étaient inexacts : nous croyons devoir donner les suivans, transmis à l'Académie de Médecine, par les divers chirurgiens ou médecins des hôpitaux.

Hôtel-Dieu. — Il y est entré près de 5oo blessés, appartenant, pour la plus grande partie, aux citoyens, puisqu'on ne comptait que 25 militaires sur ces 5oo blessés. Il en est mort : 38 le premier jour, 12 le deuxième, et 8 le troisième.

Hôpital de la Charité. — Il y est entré environ 100 blessés, dont 4o sont morts; on espère sauver un grand nombre des autres.

Hôpital Beaujon.—On avait annoncé qu'il existait 6oo blessés, dans cet hôpital; il n'y en a été porté que 8o, 8 ou 1o ont été amputés; sur ce nombre 15 à 16 sont morts.

Hôpital du Gros-Caillou.—On a reçu 200 blessés; un grand nombre d'amputations ont été faites. Il n'est mort aucun malade; ce fait, qui semblait extraordinaire à l'Académie, a été confirmé par les assertions de MM. Larrey et Lodibert.

Hôpital du Val-de-Grâce. — On n'y a reçu que 20 blessés environ.

Des enquêtes faites portent le nombre de morts et de blessés, pendant les journées des 27 et 28, de 16 à 1700; il est probable que le nombre est plus considérable, mais on n'a pu avoir de renseignemens sur les blessés reçus dans les ambulances, ou qui se sont fait reconduire chez eux. Il n'est question ici que des hôpitaux.

La journée du 3 août a accompli l'œuvre commencée les 27, 28 et 29 juillet. L'élan patriotique qui a porté sur Rambouillet plus de soixante mille hommes de la garde nationale et des corps volontaires, a été aussi puissant qu'on devait s'y attendre. A la nouvelle de ce mouvement, le roi a quitté Rambouillet avec sa famille, abandonnant tout, même sa dernière espérance. Les troupes nationales parties sous les ordres du général Pajol, qui était accompagné du colonel Jacqueminot et de M. Georges Lafayette, ont montré, comme dans la grande semaine qui vient de finir, une admirable audace et un glorieux enthousiasme. Huit cents voitures, citadines, fiacres, omnibus, avaient amené à Coignières cinquante mille hommes en quelques heures. Dès le matin l'armée expéditionnaire voulait se porter sur Rambouillet et au-delà, avec une incroyable ardeur; et c'est avec beaucoup de peine que le général Pajol a pu arrêter cette marche devenue inutile.

Mais le résultat de ce mouvement a été immense : la fuite du roi, une abdication définitive, la prise des diamans de la couronne, la capitulation de toute la garde royale, voilà les fruits de cette journée qui clôt, pour ainsi dire, la glorieuse révolution du 29 juillet.

Après les éloges que méritent la garde nationale, les corps volontaires et les braves de Rouen, de Louviers et d'Elbeuf qui s'étaient unis spontanément à l'armée expéditionnaire, il faut rendre hommage au talent du général Pajol, comme à l'activité et à la présence d'esprit du colonel Jacqueminot et de M. Georges Lafayette : de pareilles troupes méritaient de pareils chefs.

A six heures le général Pajol et le colonel Jacqueminot entraient dans Paris avec les diamans de la couronne, aux cris de *vive la Charte! vive la brave garde nationale!*

La journée d'avant hier par ses résultats a valu toute une campagne.

Il existe vis-à-vis le Louvre, sous la colonnade, et vis-à-vis l'église Saint-Germain-l'Auxerrois, une place nue qui était entourée d'une simple barricade en bois : c'est dans un coin de cette place et du côté de la Seine qu'ont été ensevelis aujourd'hui d'héroïques citoyens qui ont succombé dans les journées des 28 et 29. On a creusé deux grandes fosses dans lesquelles quatre-vingts cadavres à peu près ont été placés entre deux couches de chaux vive ; les morts étaient apportés dans de grands fourgons et retirés l'un après l'autre. Un frère a reconnu son frère ; le cadavre était ensanglanté et presque méconnaissable ; cependant le frère de la victime s'est jeté sur ce corps avec des cris et des plaintes : le jeune homme a voulu couper une mèche de cheveux à ce cadavre ; on lui a prêté un couteau, il a coupé les cheveux, il a embrassé son frère, après quoi il l'a abandonné à la fosse qui le réclamait. Les citoyens ont rendu à ces corps tous les honneurs dus aux soldats et aux chrétiens. Ils ont déchargé leurs fusils sur cette vaste tombe ; ils ont appelé un prêtre de l'église Saint-Germain-l'Auxerrois : M. l'abbé Paravey est venu en habits sacerdotaux, et a béni la terre des morts ; la garde nationale a reconduit M. le curé jusqu'à sa porte. Quelle guerre ! quelle histoire ! quel peuple ! En ce moment il élève sur le champ de repos une croix de bois sur laquelle on lit pour toute inscription funéraire :

AUX FRANÇAIS MORTS POUR LA LIBERTÉ !

La reconnaissance publique a élevé également dans différens quartiers de Paris des monumens expiatoires consacrés aux mânes des braves morts pour la défense de la liberté.

A la fontaine des Innocens, les habitans de ce quartier se sont empressés d'élever un tombeau qui doit rappeler à jamais que leurs frères, leurs parens, leurs amis, ont succombé à la tyrannie d'un roi faible qui n'eut pas assez de force pour secouer le joug de ses ministres, et qui osa prononcer l'effusion du sang. A telle heure du jour, une multitude de monde visite ce tombeau ; chacun pénétré de la plus profonde douleur rend hommage au courage et à la valeur de nos braves.

Au Louvre est un autre signe de douleur, les enfans y pleurent leurs pères, et les veuves leurs maris. La place de Grève, lieu où nos ennemis devaient anéantir nos libertés, puisqu'il a été le plus terrible du combat, est désormais réservée à la mémoire de ceux qui surent mourir en défendant l'indépendance.

Enfin finissons ce triste tableau en disant que les premiers magistrats de Paris ont décidé que le monument expiatoire élevé au duc de Berry serait consacré à la mémoire de nos immortels guerriers qui ont dû vaincre pour notre indépendance.

VOYAGE DE CHARLES X.

Charles x, parti le 3 août de Rambouillet, à dix heures du soir, à l'approche de l'armée parisienne, était le 5 à Verneuil, sur la route de Cherbourg. Le cortége se composait encore ce jour-là de 2500 à 3000 personnes de la maison militaire et domestique. Les quatre compagnies des gardes-du-corps étaient à peu près complètes : une douzaine d'artilleurs conduisaient deux pièces de canon ; des cuirassiers, des grenadiers de la garde à cheval, des gendarmes des chasses, des lanciers et quelques autres soldats de divers corps se pressaient pêle-mêle à la suite des voitures royales. Le duc de Raguse, en tête de l'état-major, encore assez nombreux, étalait son habit de maréchal de France ; mais son visage pâle et abattu, portait une expression sinistre. Le duc de Guiche le suivait à quelques pas.

Charles x, dans une voiture à quatre chevaux, était accompagné de son fils et de la duchesse d'Angoulême. Le maréchal Maison, l'un des commissaires du gouvernement provisoire, occupait la quatrième place de la voiture. Le vieux roi paraissait profondément abattu : il laissait à peine échapper quelques mots. L'ex-dauphin, insouciant et presque gai, ne semblait point sentir ni comprendre son malheur. La duchesse d'Angoulême laissait percer, au contraire, les marques du plus violent et du plus profond chagrin. Le désordre de sa toilette montrait assez le trouble de son esprit, et tout annonçait qu'elle sentait parfaitement l'étendue de l'irréparable perte qu'elle venait de faire.

La duchesse de Berry, dans un costume d'homme qu'elle se plaisait souvent à prendre, était placée dans une autre voiture avec ses deux enfans. Leur équipage, attelé de huit chevaux, portait encore les insignes de leur ancienne dignité; celui du roi, au contraire, avait toutes ses armoiries rayées et ses fleurs de lis à moitié détruites.

Le cortége était fermé par dix-sept voitures remplies des bagages de la famille royale. Plusieurs chariots étaient chargés d'or.

Partout où passait le cortége étaient arborées les couleurs nationales. La cocarde tricolore brillait à toutes les boutonnières, le drapeau flottait sur tous les édifices et à toutes les fenêtres. Quelques-uns des postillons du cortége portaient même cet emblème de notre victoire.

Près de Nonancourt, on trouva étendu sur la route le cadavre d'un garde-du-corps, sans doute mort de fatigue. Depuis plusieurs jours, hommes et chevaux étaient presque complètement privés de nourriture et de repos.

A Tillières, petit village entre Nonancourt et Verneuil, le cortége s'arrêta. La famille royale descendit dans une auberge et dîna chez un maître de postes. Le repas se composait de quelques œufs frais. La duchesse d'Angoulême s'arrêta à peine quelques minutes, et se rendit aussitôt à l'église du village pour y prier. L'appartement où dînait la famille donnait sur la rue, les fenêtres étaient ouvertes, et une foule avide de voir le monarque déchu assiégeait les portes de l'auberge, attendant son départ.

Pendant tout le repas, Charles x ne prononça pas une seule parole et ne l'adressa même pas à ses petits enfans, qu'il avait fait placer à ses côtés.

Le cortége se remit ensuite en route pour Verneuil, où il arriva le 5 au soir, précédé par les deux autres commissaires provisoires, MM. de Schonen et Odilon-Barrot.

Le 7, Charles x est arrivé à Laigle, à une heure de l'après-midi. Il était escorté de 1200 hommes des gardes-du-corps et gendarmes d'élite et de deux pièces de canon.

La population de Laigle, toute constitutionnelle, a su néanmoins, par respect au malheur, contenir son élan de patriotisme. Les cris de *vive la Charte* ne se sont pas fait entendre ; et en effet, c'était pitié que de voir Charles x verser des larmes, passant ainsi d'un excès de confiance au droit divin et en son armée, aux démonstrations les plus patentes du regret et du désespoir.

Le 9, le cortége était à Argentan ; les gardes nationales de Vire, de Falaise, connaissant les motifs de la lenteur que Charles mettait à sa marche, ayant à leur tête le général Remond, délégué du gouvernement, lui firent savoir qu'un plus long séjour de sa part sur le territoire français pourrait compromettre la sécurité publique.

Le dauphin, qui entendait la messe, se prit d'épouvante en apprenant l'arrivée du général Remond, et se sauva par la porte de la sacristie.

On arriva à Cherbourg. MM. de Schonen et Odilon-Barrot y avaient précédé les fugitifs ; on les vit arriver : l'escorte était réduite aux débris des quatre compagnies de gardes-du-corps. Charles x, le dauphin et la dauphine occupaient une voiture sans écussons, et tirée à quatre chevaux.

Le 12, Charles était encore indécis du lieu qu'il devait choisir pour sa résidence ; néanmoins l'Angleterre paraissait le plus propice à l'ex-roi. Deux vaisseaux américains ont été frétés pour le recevoir ; et Charles s'est embarqué le 16 août avec sa famille.

Avant son départ, Charles x a remercié les commissaires des égards qu'ils ont eus pour sa personne pendant le voyage.

Parmi les personnes qui l'ont accompagné, on a remarqué le duc de Raguse, le duc Armand de Polignac, le duc de Guiche, M. de Bouillé, et quelques officiers de sa Maison : il y a en tout soixante personnes de marque. Au moment où les princes ont vu s'éloigner les côtes de France, ils se sont abandonnés à la douleur la plus vive et ont répandu des larmes abondantes ; Charles est celui qui a montré le plus de résignation.

La duchesse de Berry a montré le plus grand désespoir ; elle est restée immobile pendant quelques instans sur le bord du port, a pressé les mains d'un ancien officier de sa Maison, et s'est brusquement élancée vers le paquebot. « Qu'il est cruel, disait-» elle, de quitter la France ! »

Les deux navires se sont dirigés vers la rade de Portsmouth à Spithead ; là, on doit attendre la réponse du roi d'Angleterre.

PROCÈS-VERBAL DE L'EMBARQUEMENT DE LA FAMILLE ROYALE.

Nous, commissaires délégués auprès du Roi Charles x pour le conduire lui et sa famille à Cherbourg, et veiller à leur sûreté, nous étant transportés à bord du navire américain *La Grande-Bretagne*, avons constaté que le Roi Charles x, Leurs Altesses Royales Louis-Antoine, Dauphin, Madame la Dauphine, M⁸ʳ le duc de Bordeaux, Madame la duchesse de Berry et Mademoiselle, ont été embarqués sur ce navire le 16 du mois d'août 1830, à deux heures, et à trois heures précises ont quitté le rivage de France pour faire voile vers la côte d'Angleterre. De tout quoi nous avons dressé procès-verbal, et l'avons signé et fait signer par le préfet maritime du port de Cherbourg, présent audit embarquement.

Fait à Cherbourg, le 16 août 1830.

Le maréchal marquis Maison, de Schonen, de la Pommeraye, Odilon-Barrot.

Le préfet maritime, Pouyer.

Pour copie conforme :

Le ministre secrétaire-d'état au département de l'intérieur,

Guizot.

IMPRIMERIE LE NORMANT FILS, RUE DE SEINE, N° 8.

www.ingramcontent.com/pod-product-compliance
Lightning Source LLC
LaVergne TN
LVHW010131060726
842524LV00005B/1867